Impressum
Verlag: BABADADA GmbH, Nedderfeld 112 , 22529 Hamburg
Geschäftsführer / Verlagsleitung: Harald Hof
Druck: Books on Demand GmbH, In de Tarpen 42, 22848 Norderstedt

Imprint
Publisher: BABADADA GmbH, Nedderfeld 112 , 22529 Hamburg, Germany
Managing Director / Publishing direction: Harald Hof
Print: Books on Demand GmbH, In de Tarpen 42, 22848 Norderstedt, Germany

escuela

学校

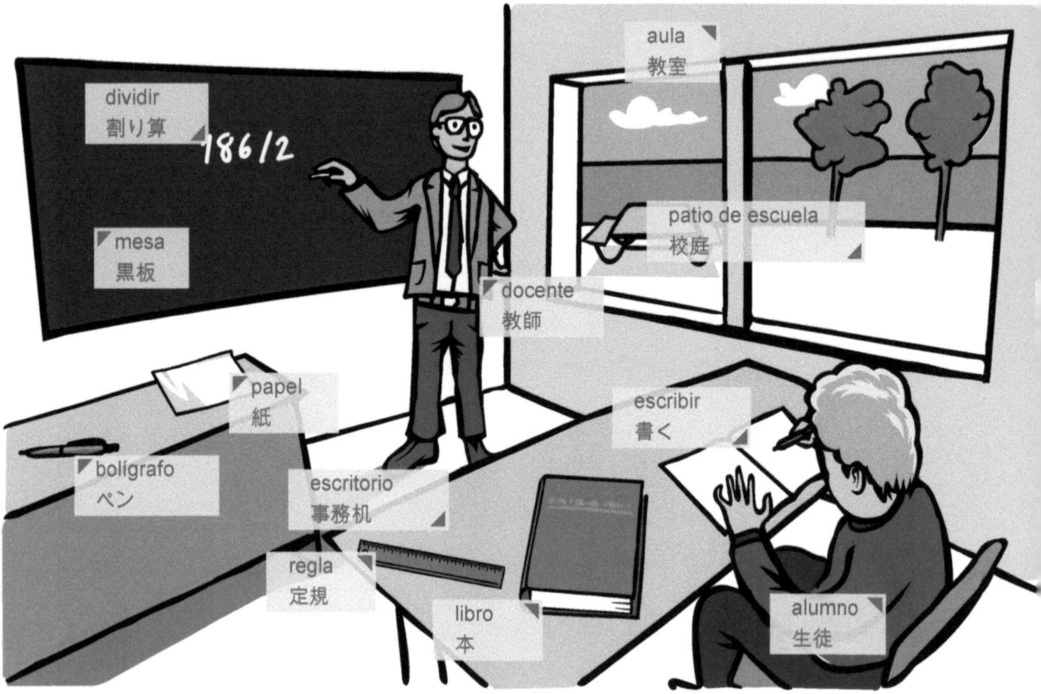

aula
教室
dividir
割り算
186/2
mesa
黒板
patio de escuela
校庭
docente
教師
papel
紙
escribir
書く
bolígrafo
ペン
escritorio
事務机
regla
定規
libro
本
alumno
生徒

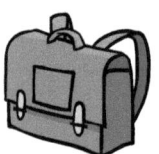

mochila escolar

ランドセル

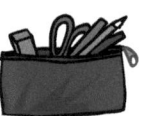

caja de lápices

筆入れ

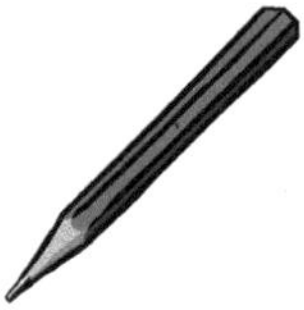

lápiz

鉛筆

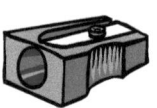

sacapuntas

鉛筆削り

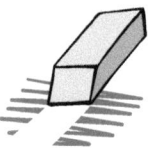

goma de borrar

消しゴム

bloc de dibujo

スケッチブック

dibujo
スケッチ

pincel
絵筆

caja de pinturas
絵の具箱

tijera
はさみ

pegamento
接着剤

libro de ejercicios
練習帳

tarea
宿題

número
数

sumar
足し算

restar
引き算

multiplicar
かけ算

calcular
計算する

letra
文字

alfabeto
アルファベット

palabra
単語

texto

テキスト

leer

読む

tiza

チョーク

lección

授業

libro de clase

学級日誌

examen

試験

certificado

通知表

uniforme escolar

制服

educación

教育

enciclopedia

百科事典

universidad

大学

microscopio

顕微鏡

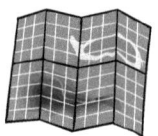

mapa

地図

cesto de papeles

ごみ箱

hotel
ホテル

Grand

albergue
ホステル

ROOMS

casa de cambio
両替所

EXCHANGE

maleta
スーツケ
ース

auto
自動車

idioma
言語

sí / no
はい / いいえ

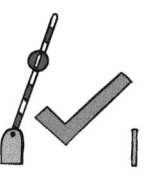

ok
問題ない

hola
ハロー

intérprete
翻訳者

gracias
ありがとう

¿Cuánto cuesta...?

…はいくらですか？

No entiendo

わかりません

problema

問題

¡Buenas tardes!

こんばんは！

¡Buenos días!

おはようございます！

¡Buenas noches!

おやすみなさい！

adiós

さようなら

dirección

方向

equipaje

手荷物

bolso

バッグ

mochila

リュックサック

invitado

お客様

cuarto

部屋

saco de dormir

寝袋

tienda de campaña

テント

información al turista

旅行者情報

playa

ビーチ

tarjeta de crédito

クレジットカード

desayuno

朝食

almuerzo

昼食

cena

夕食

pasaje

チケット

ascensor

エレベーター

sello

スタンプ

límite

境界

aduana

税関

embajada

大使館

visa

ビザ

pasaporte

パスポート

transporte
輸送

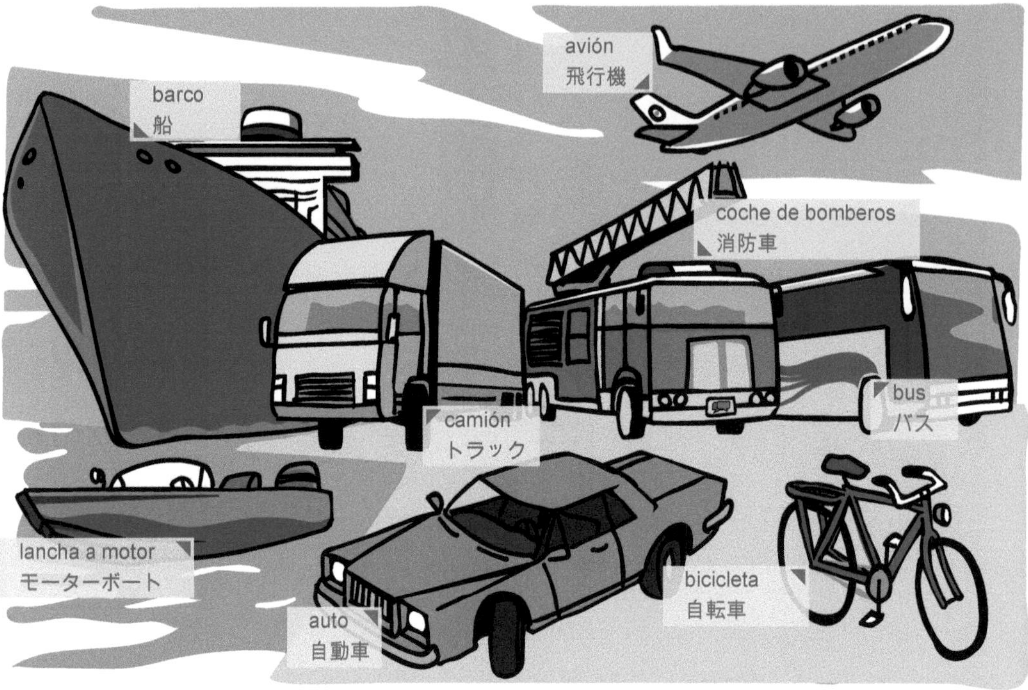
avión
飛行機
barco
船
coche de bomberos
消防車
bus
バス
camión
トラック
lancha a motor
モーターボート
bicicleta
自転車
auto
自動車

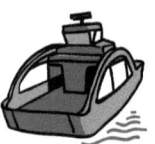

balsa

フェリー

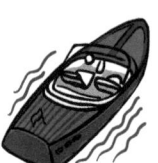

lancha

ボート

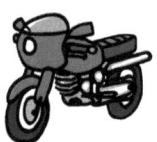

motocicleta

バイク

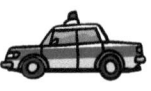

auto de policía

パトカー

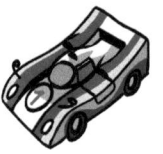

auto de carreras

レーシングカー

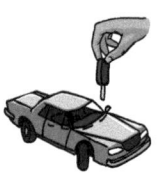

auto de alquiler

レンタカー

alquiler de autos

カーシェアリング

grúa

レッカー車

vehículo recolector de basura

ごみ収集車

motor

モーター

gasolina

燃料

gasolinera

ガソリンスタンド

señal de tráfico

交通標識

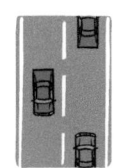

tránsito

交通

atasco

渋滞

estacionamiento

駐車場

estación de tren

駅

carril

道

tren

列車

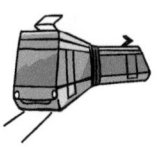

tranvía

路面電車

vagón

車両

helicóptero

ヘリコプター

aeropuerto

空港

torre

タワー

pasajero

乗客

contenedor

コンテナ

caja de cartón

段ボール箱

carro

カート

cesta

カゴ

despegar / aterrizar

離陸 / 着陸

ciudad

都市

aldea

村

centro de la ciudad

都心

casa

家

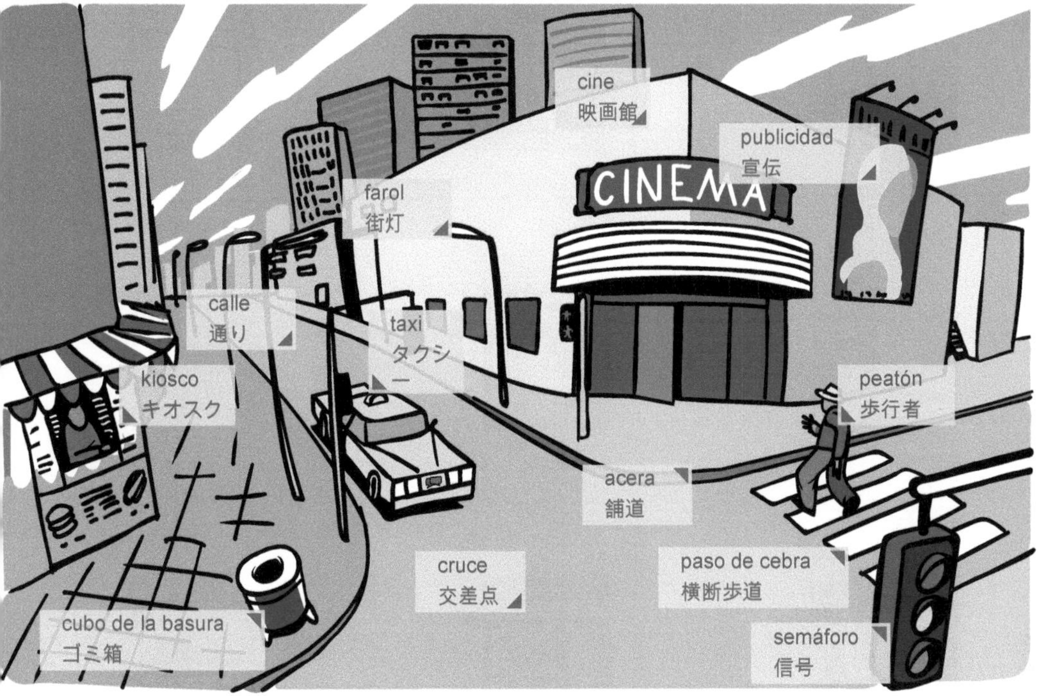

cine
映画館

publicidad
宣伝

farol
街灯

calle
通り

taxi
タクシー

kiosco
キオスク

peatón
歩行者

acera
舗道

cruce
交差点

paso de cebra
横断歩道

cubo de la basura
ゴミ箱

semáforo
信号

CINEMA

cabaña
小屋

apartamento
アパート

estación de tren
駅

ayuntamiento
市役所

museo
美術館

escuela
学校

ciudad - 都市

universidad

大学

banco

銀行

hospital

病院

hotel

ホテル

farmacia

薬局

oficina

オフィス

librería

書店

negocio

ショップ

florería

花屋

supermercado

スーパーマーケット

mercado

市場

grandes almacenes

デパート

pescadería

魚屋

centro comercial

ショッピングセンター

puerto

港

ciudad - 都市

parque

公園

banco

ベンチ

puente

橋

escalera

階段

metro

地下鉄

túnel

トンネル

parada de autobuses

バス停

bar

バー

restaurante

レストラン

buzón de correo

ポスト

letrero

道路標識

parquímetro

パーキングメーター

zoológico

動物園

piscina

スイミングプール

mezquita

モスク

ciudad - 都市

granja

農場

polución

汚染

cementerio

墓地

iglesia

教会

parque infantil

遊び場

templo

寺

paisaje

風景

hoja
葉

indicador de camino
道標

sendero
道

pradera
草地

piedra
石

árbol
木

caminante
ハイカー

río
川

pasto
草

flor
花

valle

谷

montaña

山

lago

湖

bosque

森

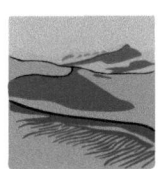

desierto

砂漠

volcán

火山

castillo

城

arco iris

虹

seta

キノコ

palmera

ヤシの木

mosquito

蚊

mosca

ハエ

hormiga

蟻

abeja

ミツバチ

araña

クモ

escarabajo

カブトムシ

rana

蛙

ardilla

リス

erizo

ハリネズミ

liebre

ウサギ

lechuza

フクロウ

pájaro

鳥

cisne

白鳥

jabalí

雄豚

ciervo

鹿

alce

ヘラジカ

embalse

ダム

aerogenerador

風力タービン

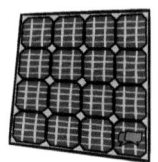
módulo solar

ソーラーパネル

clima

気候

restaurante
レストラン

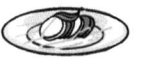

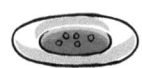

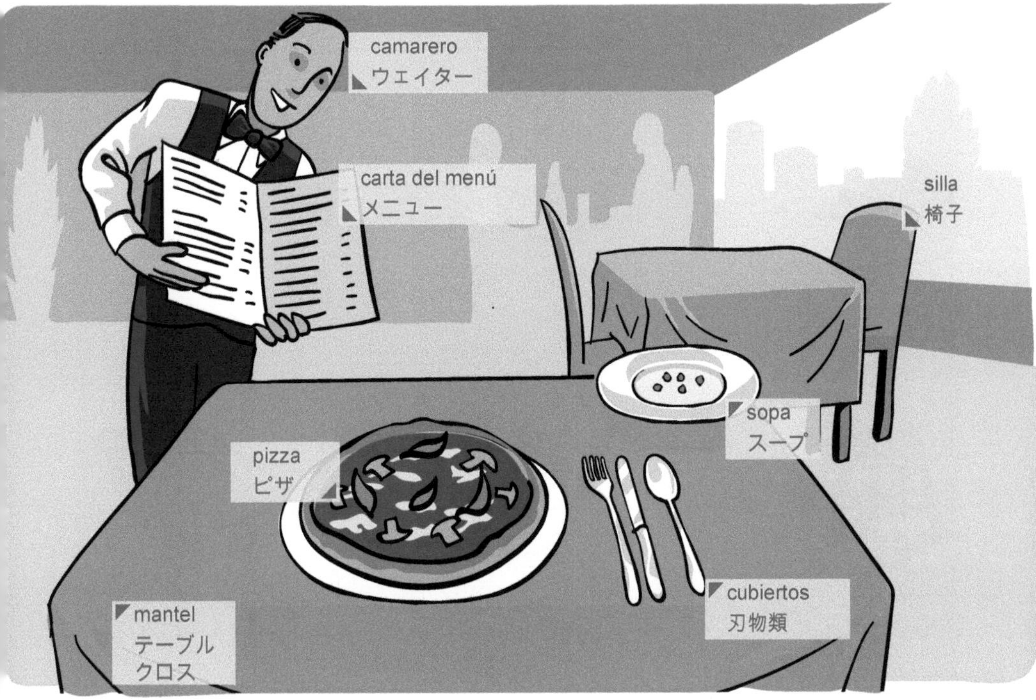
camarero
ウェイター
carta del menú
メニュー
silla
椅子
sopa
スープ
pizza
ピザ
cubiertos
刃物類
mantel
テーブル
クロス

entrada
前菜

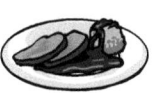

plato principal
メインコース

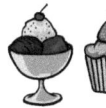

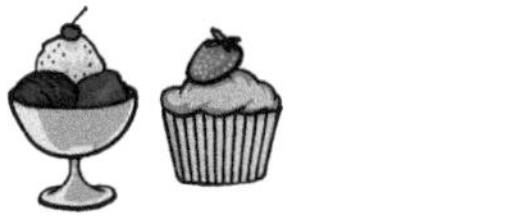

postre
デザート

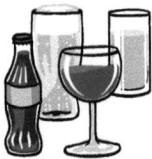

bebida
飲み物

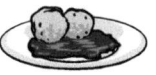

comida
食べ物

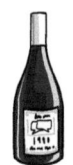

botella
ボトル

comida rápida

ファストフード

comida callejera

屋台の食べ物

tetera

ティーポット

azucarera

砂糖入れ

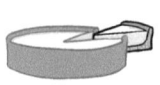

porción

一人前

máquina de espresso

エスプレッソマシン

silla alta

幼児用食事椅子

factura

請求書

bandeja

トレー

cuchillo

ナイフ

tenedor

フォーク

cuchara

スプーン

cuchara de té

ティースプーン

servilleta

ナプキン

vaso

グラス

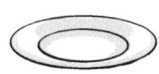

plato
皿

plato de sopa
スープ皿

platillo
受け皿

salsa
ソース

salero
塩入れ

molinillo para pimienta
ペッパーミル

vinagre
酢

aceite
油

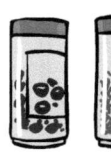

especias
スパイス

ketchup
ケチャップ

mostaza
マスタード

mayonesa
マヨネーズ

supermercado

スーパーマーケット

oferta
特価品
FOR
cliente
顧客
productos lácteos
乳製品
fruta
果物
carrito de compras
ショッピング・カート

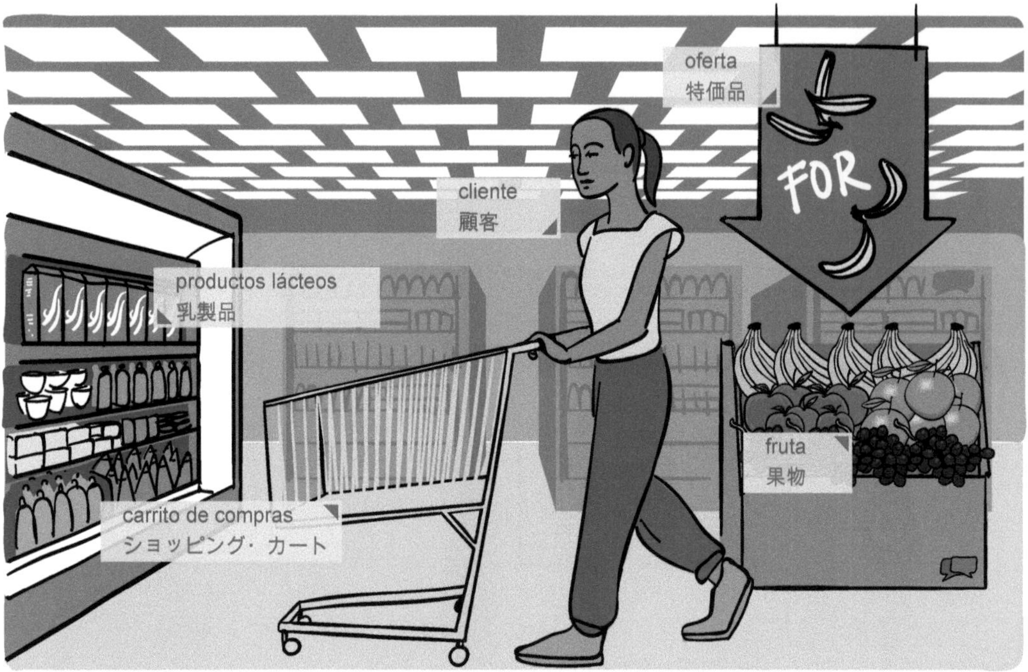

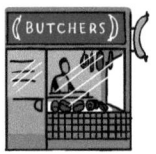

BUTCHERS

carnicería

肉屋

BAKERY

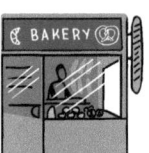

panadería

パン屋

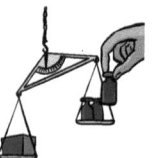

pesar

重さをはかる

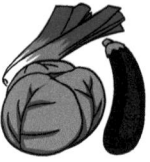

verdura

野菜

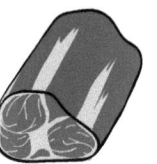

carne

肉

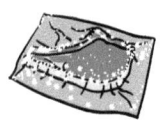

alimentos congelados

冷凍食品

fiambre

冷肉の薄切り

conservas

缶詰食品

detergente en polvo

洗剤

dulces

菓子

artículos domésticos

家庭用品

productos de limpieza

清掃用品

vendedora

販売員

caja

現金箱

cajero

レジ係

lista de compras

買い物リスト

horario de atención

開館時刻

cartera

財布

tarjeta de crédito

クレジットカード

maleta

バッグ

bolsa plástica

ポリ袋

agua

水

jugo

ジュース

leche

牛乳

refresco de cola

コーラ

vino

ワイン

cerveza

ビール

alcohol

アルコール

cacao

ココア

té

紅茶

café

コーヒー

espresso

エスプレッソ

cappuccino

カプチーノ

banana

バナナ

manzana

リンゴ

naranja

オレンジ

sandía

メロン

limón

レモン

zanahoria

ニンジン

ajo

ニンニク

bambú

竹

cebolla

玉ねぎ

seta

キノコ

nueces

ナッツ

fideos

ヌードル

espagueti

スパゲッティ

arroz

米

ensalada

サラダ

patatas fritas

フライドポテト

patatas salteadas

フライドポテト

pizza

ピザ

hamburguesa

ハンバーガー

sándwich

サンドウィッチ

escalope

カツレツ

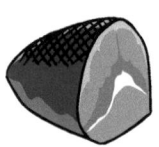

jamón

ハム

salame

サラミ

embutido

ソーセージ

pollo

鶏肉

asado

焼き

pescado

魚

copos de avena

麦のお粥

musli

ムーズリ

copos de maíz tostado

コーンフレーク

harina

小麦粉

croissant

クロワッサン

panecillo

ロールパン

pan

パン

tostada

トースト

galletas

ビスケット

mantequilla

バター

cuajada

カッテージチーズ

pastel

ケーキ

huevo

卵

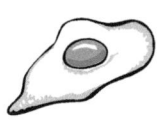

huevo frito

目玉焼き

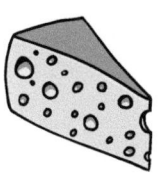

queso

チーズ

helado

アイスクリーム

azúcar

砂糖

miel

はちみつ

mermelada

ジャム

praliné

ヌガークリーム

curry

カレー

casa de labranza
農家

pajar
納屋

paca de paja
ストローベール

campo
畑

caballo
馬

remolque
トレーラー

potro
子馬

tractor
トラクター

asno
ロバ

cordero
子羊

oveja
羊

cabra

ヤギ

vaca

雌牛

ternero

子牛

cerdo

豚

lechón

子豚

toro

雄牛

ganso

ガチョウ

pato

アヒル

polluelo

ひよこ

pollo

にわとり

gallo

おんどり

rata

ネズミ

gato

猫

ratón

ねずみ

buey

雄牛

perro

犬

caseta del perro

犬小屋

manguera de riego

散水ホース

regadera

じょうろ

guadaña

大鎌

arado

すき

hoz

草刈り鎌

azada

くわ

bieldo

堆肥用フォーク

hacha

斧

carretilla

手押し車

abrevadero

かいばおけ

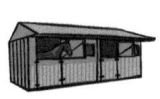

lechera

牛乳缶

saco

袋

cerca

フェンス

establo

畜舎

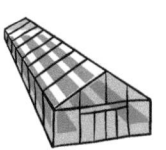

invernadero

温室

suelo

土壌

semilla

種

fertilizante

肥料

cosechadora

コンバイン

cosechar

収穫する

cosecha

収穫

raíz de ñame

ヤマイモ

trigo

小麦

soja

大豆

patata

じゃがいも

maíz

トウモロコシ

colza

菜種

Árbol frutal

果樹

mandioca

キャッサバ

cereales

穀物

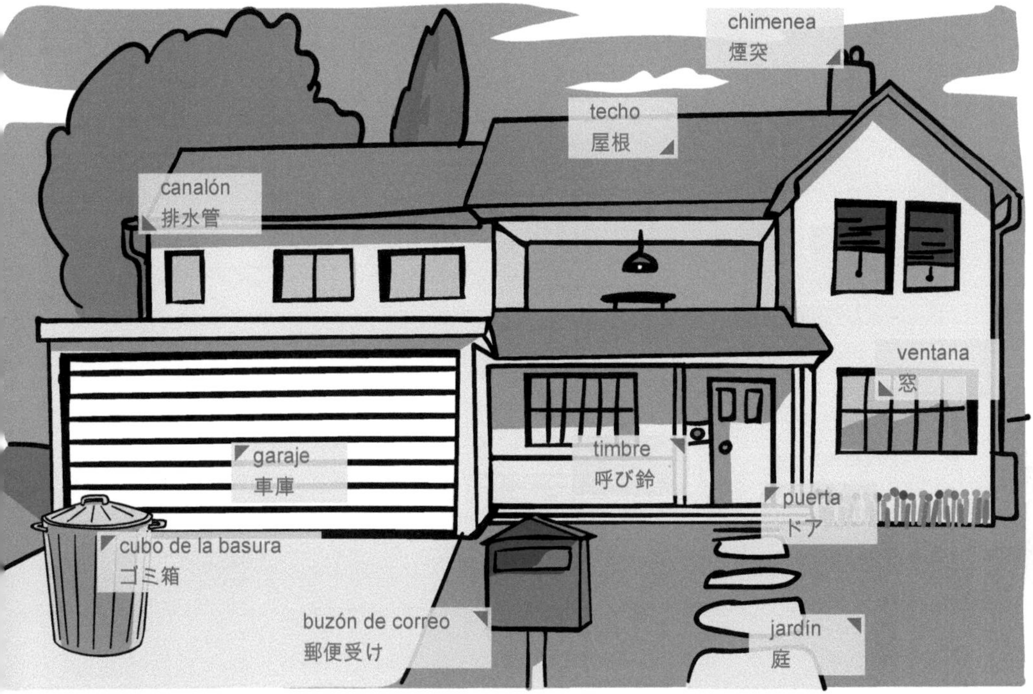

chimenea
煙突

techo
屋根

canalón
排水管

ventana
窓

garaje
車庫

timbre
呼び鈴

puerta
ドア

cubo de la basura
ゴミ箱

buzón de correo
郵便受け

jardín
庭

cuarto de estar

リビングルーム

cuarto de baño

浴室

cocina

台所

dormitorio

寝室

cuarto de los niños

子供部屋

comedor

ダイニング・ルーム

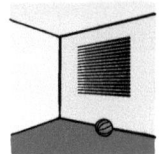

piso

床

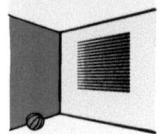

pared

壁

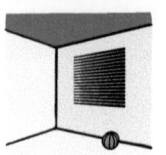

cielorraso

天井

sótano

地下貯蔵庫

sauna

サウナ

balcón

バルコニー

terraza

テラス

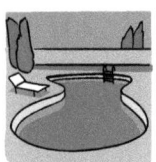

piscina

プール

cortacésped

芝刈り機

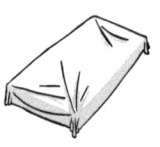

funda nórdica

シーツ

edredón

ベッドカバー

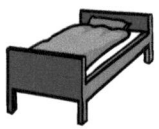

cama

ベッド

escoba

ほうき

cubo

バケツ

interruptor

スイッチ

cuarto de estar
リビングルーム

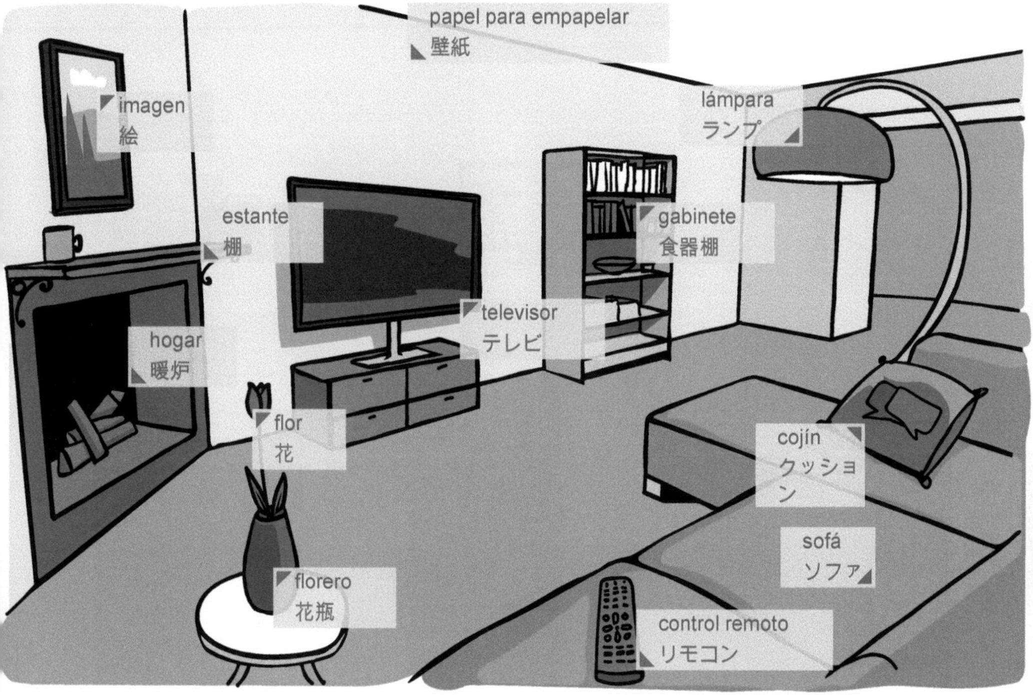
papel para empapelar
壁紙
imagen
絵
lámpara
ランプ
estante
棚
gabinete
食器棚
televisor
テレビ
hogar
暖炉
flor
花
cojín
クッション
sofá
ソファ
florero
花瓶
control remoto
リモコン

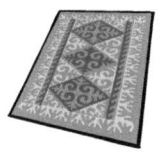

alfombra
カーペット

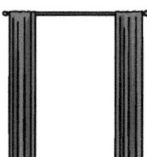

cortina
カーテン

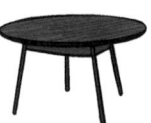

mesa
テーブル

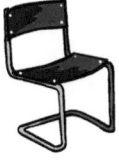

silla
椅子

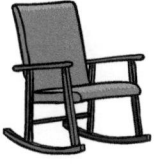

mecedora
ロッキングチェア

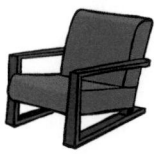

sillón
ひじ掛け椅子

libro
本

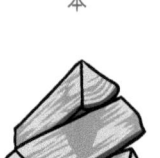

frazada
毛布

decoración
飾り

leña
たきぎ

film
映画

equipo estereofónico
ステレオ

llave
鍵

periódico
新聞

cuadro
絵画

póster
ポスター

radio
ラジオ

bloc de notas
メモ帳

aspiradora
掃除機

cactus
サボテン

vela
ろうそく

cocina
台所

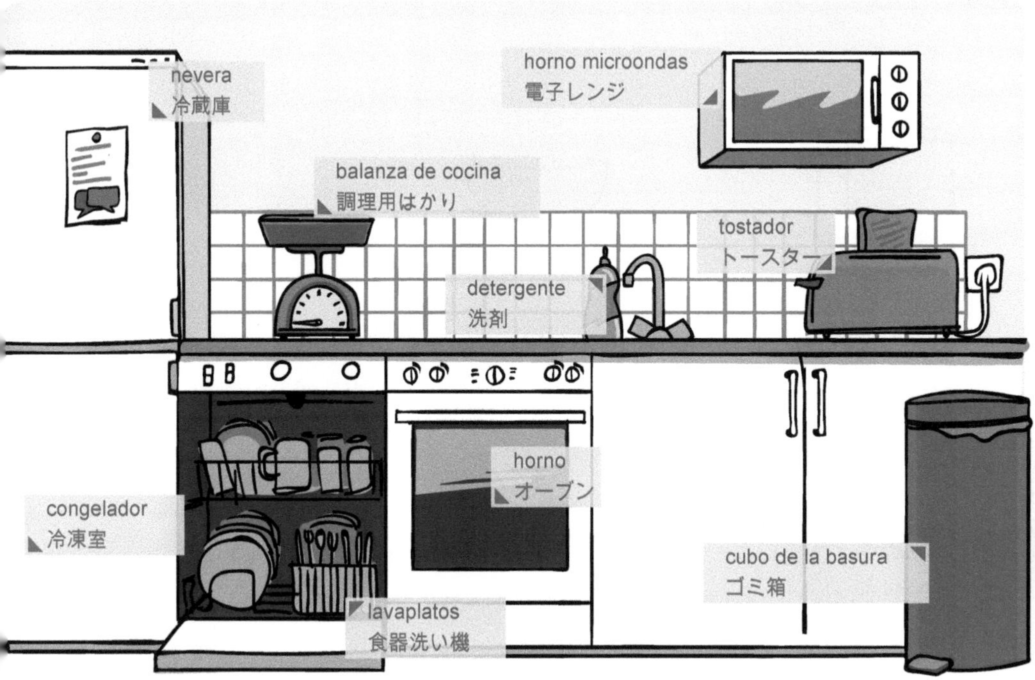

nevera
冷蔵庫
horno microondas
電子レンジ
balanza de cocina
調理用はかり
tostador
トースター
detergente
洗剤
horno
オーブン
congelador
冷凍室
cubo de la basura
ゴミ箱
lavaplatos
食器洗い機

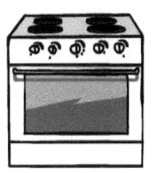

cocina

こんろ

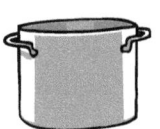

olla

鍋

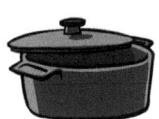

olla de fundición de hierro

鉄鍋

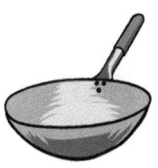

wok / kadai

中華鍋/ カダイ鍋

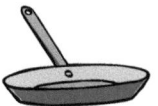

sartén

フライパン

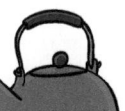

hervidor de agua

やかん

olla de vapor

蒸し器

bandeja de horno

天板

vajilla

食器

vaso

マグカップ

bol

ボウル

palillos para comer

箸

cucharón de sopa

おたま

espátula

へら

batidor

泡立て器

colador

こし器

cedazo

ふるい

rallador

すりおろし器

mortero

すり鉢

parrillada

バーベキュー

fogata

かまど

tabla de picar

まな板

rodillo

麺棒

sacacorchos

栓抜き

lata

缶

abrelatas

缶切り

agarrador

鍋つかみ

fregadero

流し

cepillo

ブラシ

esponja

スポンジ

batidora

ミキサー

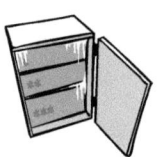

arcón congelador

冷凍庫

biberón

哺乳瓶

grifo

蛇口

cuarto de baño

浴室

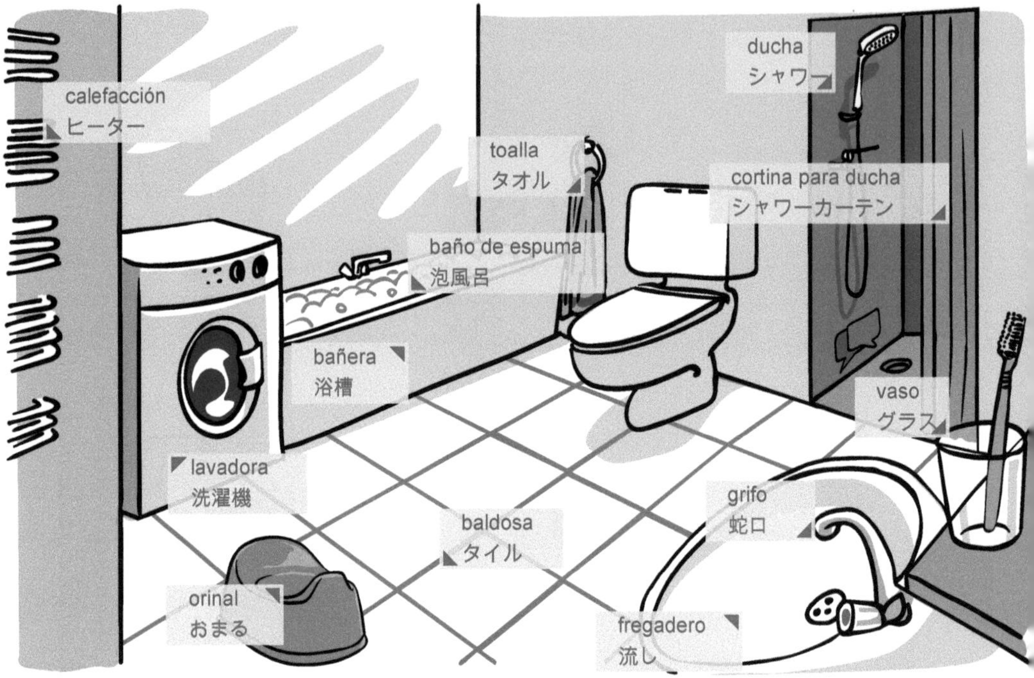
ducha
シャワー
calefacción
ヒーター
toalla
タオル
cortina para ducha
シャワーカーテン
baño de espuma
泡風呂
bañera
浴槽
vaso
グラス
lavadora
洗濯機
grifo
蛇口
baldosa
タイル
orinal
おまる
fregadero
流し

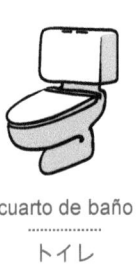

cuarto de baño

トイレ

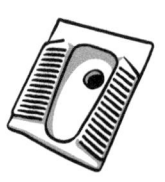

placa turca

和式トイレ

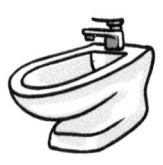

bidé

ビデ

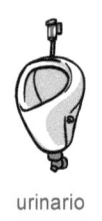

urinario

小便器

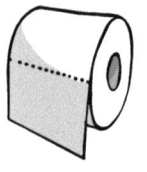

papel higiénico

トイレットペーパー

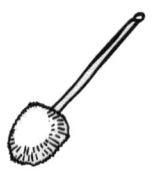

escobilla para el cuarto de baño

トイレブラシ

cepillo de dientes

歯ブラシ

pasta dentífrica

歯みがき

seda dental

デンタルフロス

lavar

洗う

ducha teléfono

シャワーヘッド

ducha higiénica

ハンドビデ

cuenco

洗面台

cepillo para la espalda

ボディブラシ

jabón

石鹸

gel de ducha

シャワー用ジェル

champú

シャンプー

manopla para baño

浴用タオル

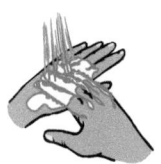

desagüe

排水口

crema

クリーム

desodorante

消臭

espejo

鏡

espejo de maquillaje

手鏡

máquina de afeitar

かみそり

espuma de afeitar

シェービング・フォーム

loción para después del afeitado

アフターシェーブローション

peine

櫛

cepillo

ブラシ

secador para cabello

ドライヤー

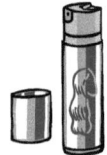

laca de peinado

ヘアスプレー

maquillaje

化粧

lápiz labial

口紅

laca para uñas

マニキュア

algodón

脱脂綿

tijera para uñas

爪切り

perfume

香水

neceser

洗面用具入れ

taburete

スツール

balanza

体重計

bata de baño

バスローブ

guantes de goma

ゴム手袋

tampón

タンポン

compresa

生理用ナプキン

wáter químico

ケミカルトイレ

cuarto de los niños

子供部屋

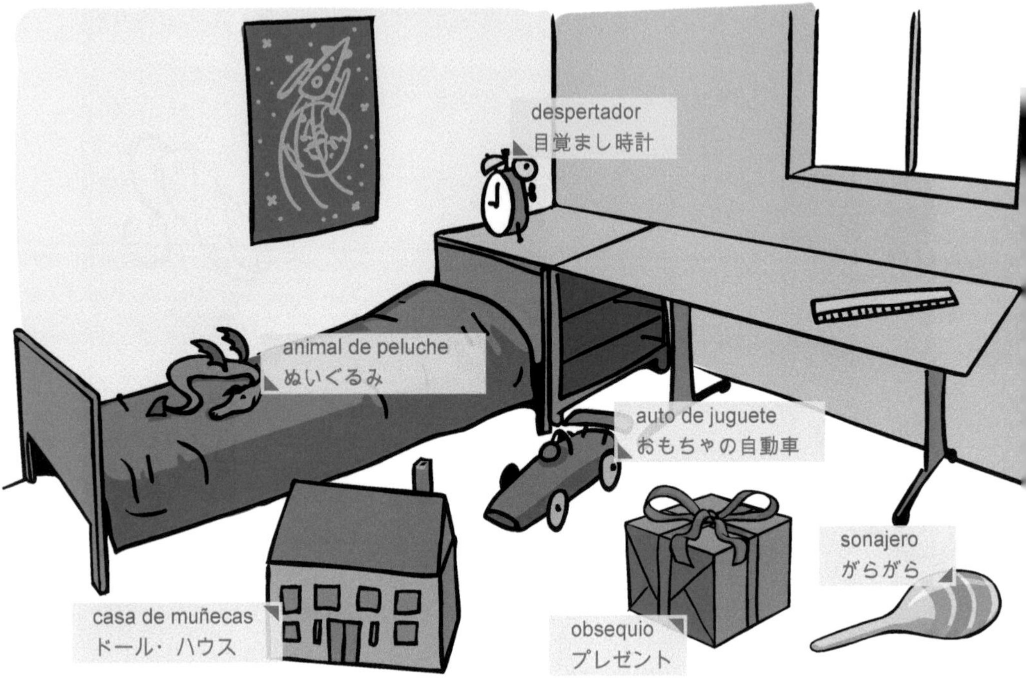
despertador
目覚まし時計
animal de peluche
ぬいぐるみ
auto de juguete
おもちゃの自動車
sonajero
がらがら
casa de muñecas
ドール・ハウス
obsequio
プレゼント

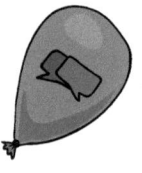

globo

風船

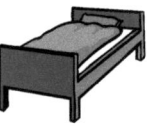

cama

ベッド

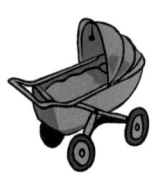

cochecito para niños

ベビーカー

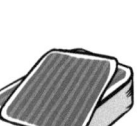

juego de barajas

カードゲーム

rompecabezas

ジグソーパズル

SUPER
MEGA

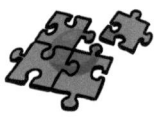

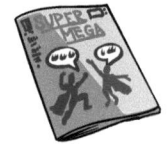

cómic

漫画

piezas de Lego

レゴ

bloques para jugar

玩具ブロック

figura de acción

アクションフィギュア

pijama de una pieza

ロンパース

frisbee

フリスビー

móvil

モバイル

juego de mesa

ボードゲーム

dado

さいころ

tren eléctrico a escala

鉄道模型

chupete

おしゃぶり

fiesta

パーティー

libro de dibujos

絵本

pelota

ボール

títere

人形

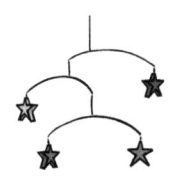

jugar

遊ぶ

arenero

砂場

columpio

ブランコ

juguetes

おもちゃ

consola de videojuego

ゲーム機

triciclo

三輪車

osito de peluche

テディベア

guardarropa

衣装ダンス

vestimenta

衣服

calcetines

靴下

medias

ストッキング

panti

タイツ

chal
スカーフ

paraguas
雨傘

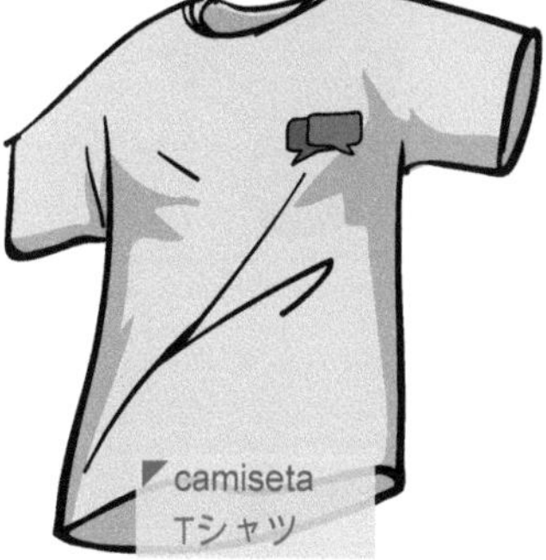

camiseta
Tシャツ

cinturón
ベルト

botas
ブーツ

zapatilla
スリッパ

deportivas
スニーカー

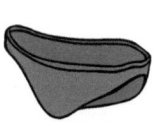

sandalias

サンダル

zapatos

靴

botas de goma

ゴム長靴

ropa interior

パンツ

corpiño

ブラ

camiseta

ベスト

body

ボディースーツ

pantalón

ズボン

jeans

ジーンズ

falda

スカート

blusa

ブラウス

camisa

シャツ

pullover

セーター

sweater

パーカー

blazer

ブレザー

chaqueta

ジャケット

abrigo

コート

impermeable

レインコート

traje chaqueta

服装

vestido

ドレス

vestido de bodas

ウェディングドレス

traje

スーツ

camisón

ナイトガウン

pijama

パジャマ

sari

サリー

pañuelo de cabeza

ヘッドスカーフ

turbante

ターバン

burka

ブルカ

caftán

カフタン

abaya

アバヤ

traje de baño

水着

bañador

トランクス

shorts

半ズボン

chándal

スウェットスーツ

delantal

エプロン

guante

手袋

botón

ボタン

gafa

メガネ

brazalete

ブレスレット

cadena

ネックレス

anillo

指輪

aro

イヤリング

gorra

帽子

percha

ハンガー

sombrero

帽子

corbata

ネクタイ

cierre a cremallera

ファスナー

casco

ヘルメット

tiradores

サスペンダー

uniforme escolar

制服

uniforme

ユニフォーム

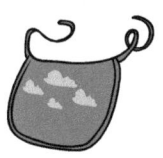

babero
よだれかけ

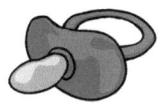

chupete
おしゃぶり

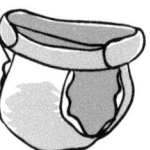

pañal
おむつ

oficina
オフィス

servidor
サーバ
archivador
書類キャビネット
impresora
プリンター
papel
紙
monitor
モニター
ratón
マウス
escritorio
事務机
carpeta
フォルダー
teclado
キーボード
cesto de papeles
ごみ箱
silla
椅子
ordenador
コンピューター

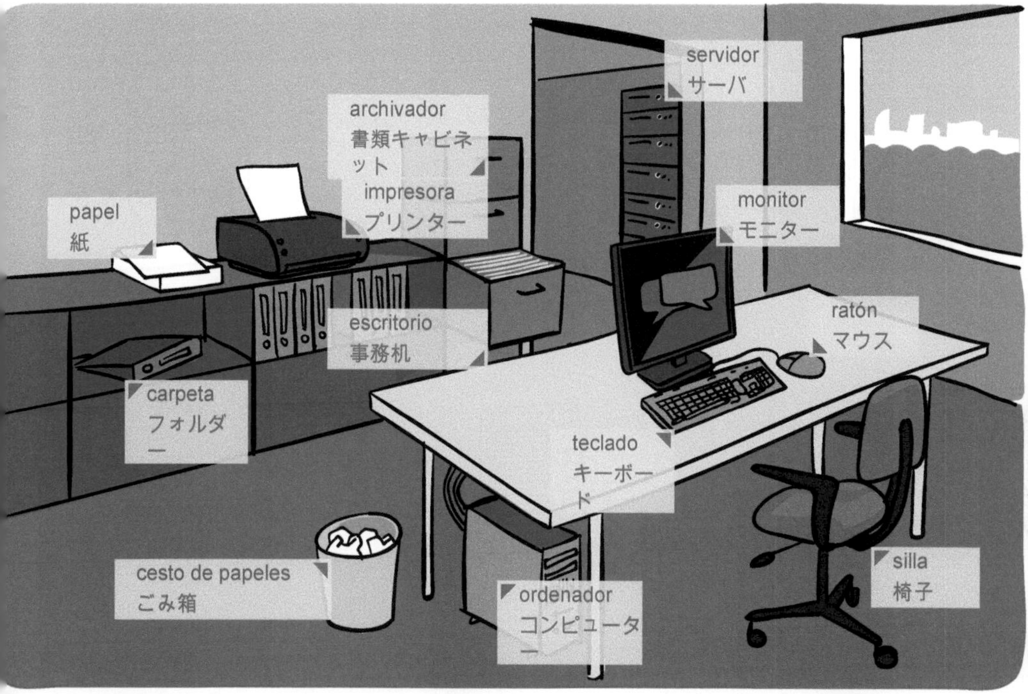

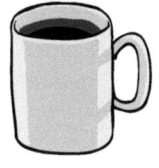

taza de café
コーヒーマグ

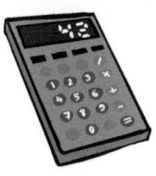

calculadora
計算機

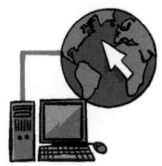

internet
インターネット

laptop

ラップトップ

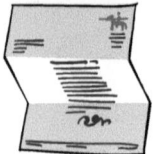

carta

手紙

mensaje

メッセージ

teléfono móvil

携帯電話

red

ネットワーク

fotocopiadora

コピー機

software

ソフトウェア

teléfono

電話

tomacorriente

コンセント

máquina de fax

ファックス

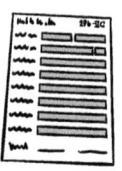

formulario

フォーム

documento

書類

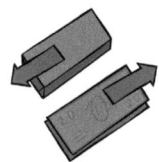

comprar

買う

pagar

支払う

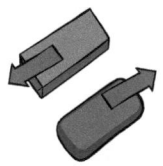

comerciar

取引する

dinero

お金

dólar

ドル

euro

ユーロ

yen

円

rublo

ルーブル

franco

スイスフラン

renminbi

人民元

rupia

ルピー

cajero automático

キャッシュポイント

casa de cambio

両替所

oro

金

plata

銀

petróleo

油

energía

エネルギー

precio

価格

contrato

契約

impuesto

税金

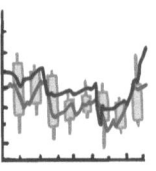

acción

株

trabajar

働く

empleado

従業員

empleador

雇用主

fábrica

工場

negocio

ショップ

ocupaciones
職業

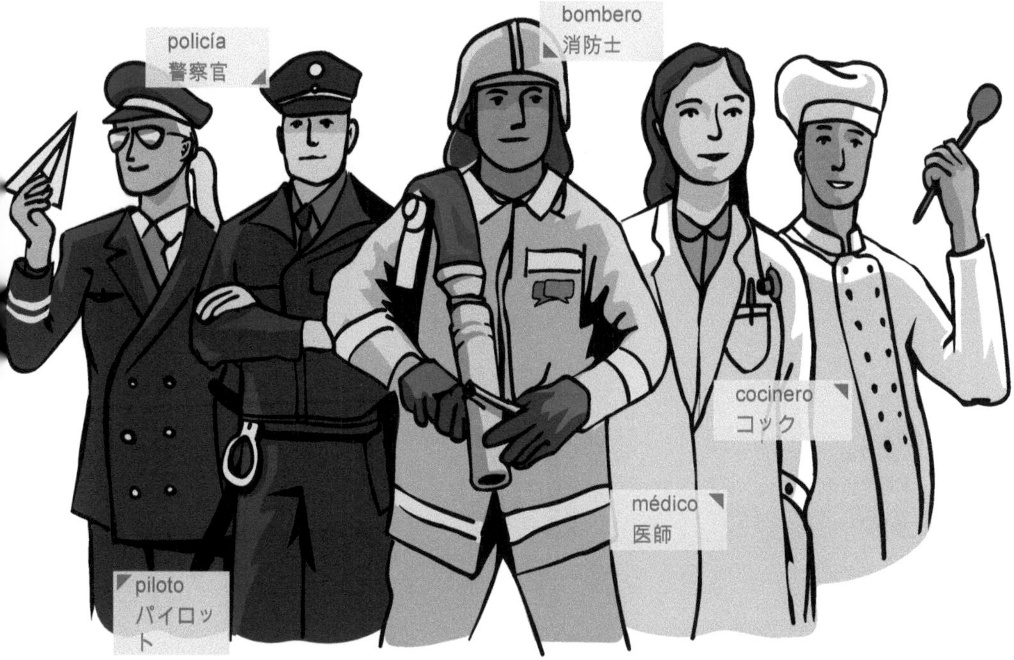
bombero
消防士
policía
警察官
cocinero
コック
médico
医師
piloto
パイロット

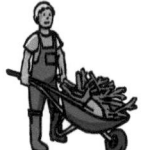

jardinero
庭師

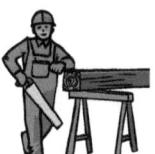

carpintero
大工

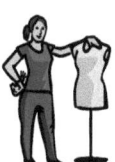

costurera
お針子

juez
裁判官

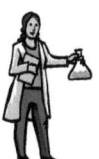

químico
化学者

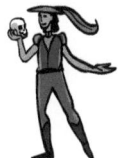

actor
俳優

conductor de autobús

バスの運転手

taxista

タクシー運転手

pescador

漁師

mujer de la limpieza

掃除婦

techista

屋根ふき職人

camarero

ウェイター

cazador

ハンター

pintor

塗装工

panadero

パン屋

electricista

電気工

albañil

建設作業員

ingeniero

エンジニア

carnicero

肉屋

fontanero

配管工

cartero

郵便配達人

soldado

軍人

arquitecto

建築家

cajero

レジ係

florista

花屋

peluquero

美容師

cobrador

車掌

mecánico

機械工

capitán

キャプテン

odontólogo

歯科医

científico

科学者

rabino

ラビ

imam

イスラム導師

monje

修道士

párroco

牧師

herramientas

道具

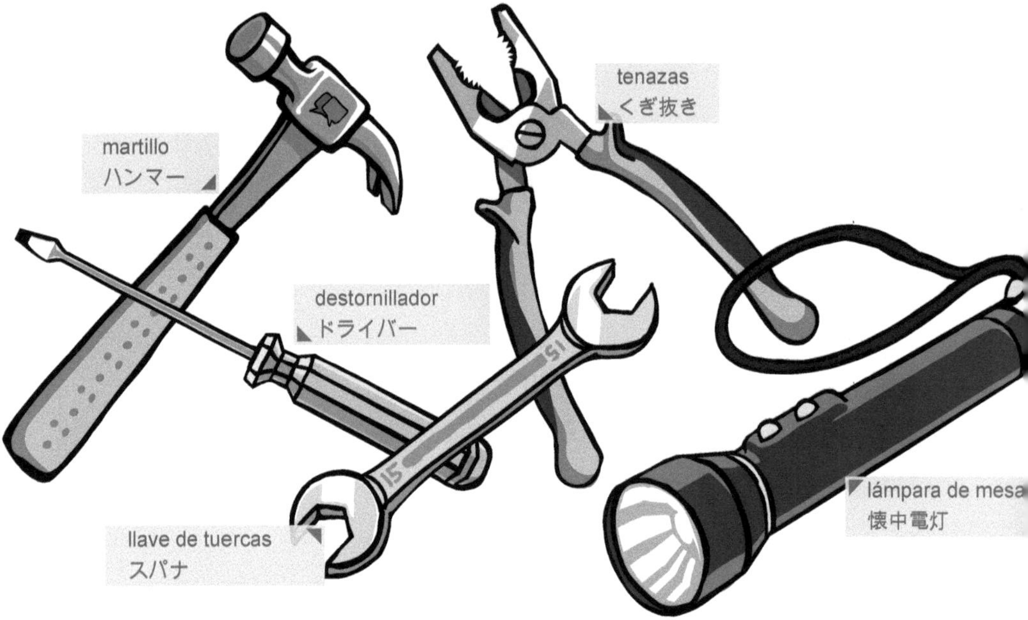
tenazas
くぎ抜き
martillo
ハンマー
destornillador
ドライバー
llave de tuercas
スパナ
lámpara de mesa
懐中電灯

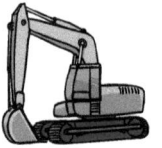

excavadora

掘削機

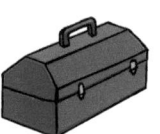

caja de herramientas

道具箱

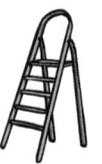

escalerilla

はしご

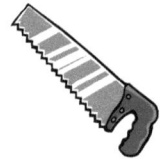

serrucho

のこぎり

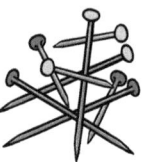

clavos

釘

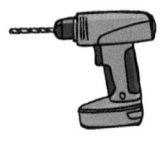

taladro

ドリル

reparar

修理する

pala

シャベル

¡Maldición!

クソ！

recogedor

ちりとり

lata de pintura

ペンキ缶

tornillos

ネジ

instrumentos musicales

楽器

altavoz
スピーカ
ー

batería
打楽器

contrabajo
コントラバス

trompeta
トランペッ
ト

guitarra
ギター

piano

ピアノ

violín

バイオリン

bajo

バス

timbales

ティンパニ

tambor

ドラム

teclado

キーボード

saxofón

サックス

flauta

フルート

micrófono

マイクロフォン

instrumentos musicales - 楽器

tigre
虎

entrada
入口

jaula
おり

cebra
シマウマ

comida para animales
飼料

panda
パンダ

animales
動物

elefante
象

canguro
カンガルー

rinoceronte
サイ

gorila
ゴリラ

oso
熊

camello

ラクダ

avestruz

ダチョウ

león

ライオン

mono

猿

flamengo

フラミンゴ

papagayo

オウム

oso polar

白クマ

pingüino

ペンギン

tiburón

サメ

pavo real

クジャク

serpiente

蛇

cocodrilo

ワニ

cuidador del zoológico

飼育係

foca

アザラシ

jaguar

ジャガー

pony

ポニー

leopardo

ヒョウ

hipopótamo

カバ

jirafa

キリン

águila

鷲

jabalí

雄豚

pescado

魚

tortuga

亀

morsa

セイウチ

zorro

狐

gacela

ガゼル

zoológico - 動物園

fútbol americano
アメフト

ciclismo
サイクリング

tenis
テニス

baloncesto
バスケットボール

natación
水泳

boxeo
ボクシング

hockey sobre hielo
アイスホッケー

fútbol
サッカー

badminton
バドミントン

atletismo
陸上競技

balonmano
ハンドボール

esquí
スキー

polo
ポロ

saltar
跳ぶ

abrazar
抱きしめる

reír
笑う

caminar
歩く

cantar
歌う

rezar
祈る

besar
キス

soñar
夢見る

escribir
書く

dibujar
描く

mostrar
示す

presionar
押す

dar
与える

tomar
取る

tener

持っている

hacer

する

ser

ある

estar de pie

立つ

correr

走る

tirar

引く

arrojar

投げる

caer

落ちる

estar acostado

横たわっている

esperar

待つ

llevar

運ぶ

estar sentado

座る

vestirse

着る

dormir

眠る

despertar

目が覚める

mirar

見る

llorar

泣く

acariciar

なでる

peinarse

櫛ですく

conversar

話す

entender

理解する

preguntar

質問する

oír

聞く

beber

飲む

comer

食べる

asear

片づける

amar

愛する

cocinar

料理する

conducir

運転する

volar

飛ぶ

navegar

ヨットに乗る

calcular

計算する

leer

読む

aprender

学ぶ

trabajar

働く

casarse

結婚する

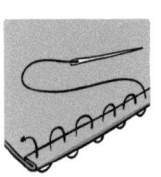

coser

縫う

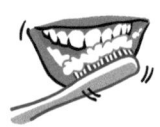

limpiarse los dientes

歯を磨く

matar

殺す

fumar

喫煙する

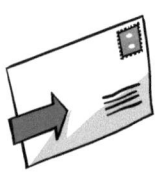

enviar

送る

familia
家族

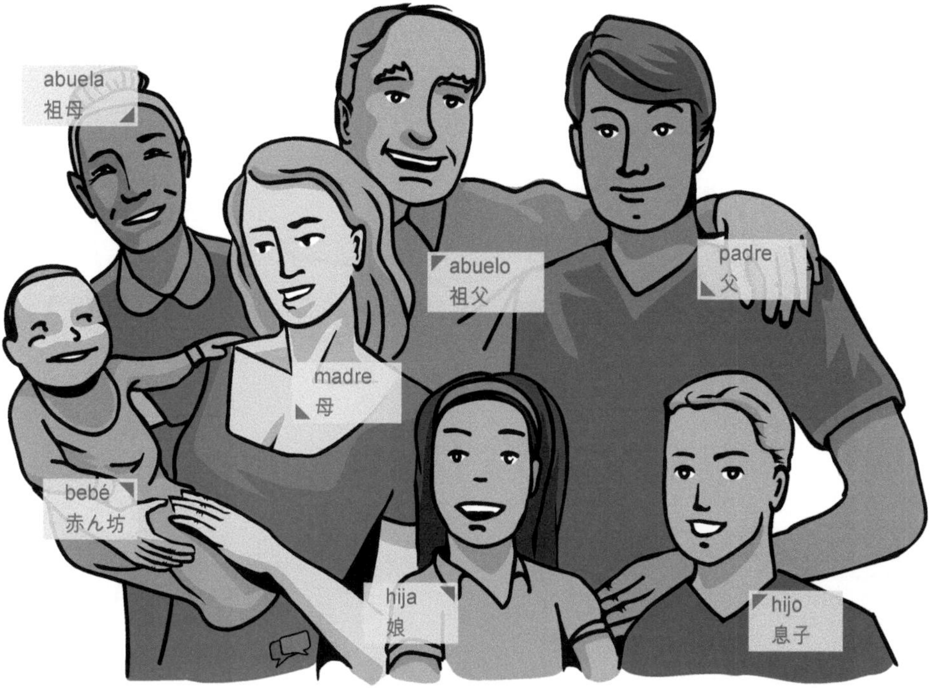
abuela
祖母
abuelo
祖父
padre
父
madre
母
bebé
赤ん坊
hija
娘
hijo
息子

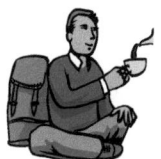

invitado

お客様

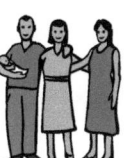

tía

おば

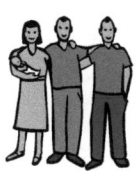

tío

おじ

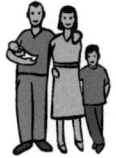

hermano

兄弟

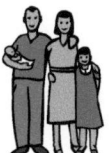

hermana

姉妹

cuerpo

体

frente
ひたい
ojo
目
hombro
肩
dedo
指
cara
顔
barbilla
あご
mano
手
pierna
脚
pecho
胸
brazo
腕

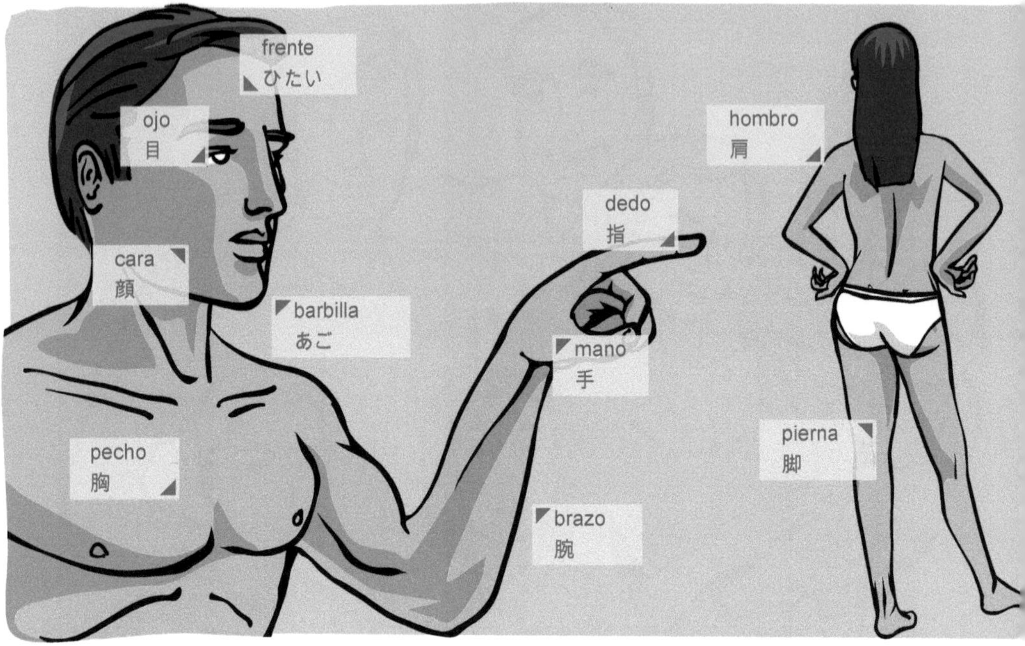

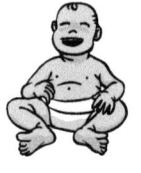

bebé

赤ん坊

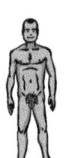

hombre

男性

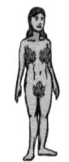

mujer

女性

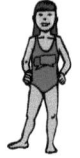

muchacha

少女

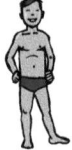

joven

少年

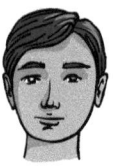

cabeza

頭

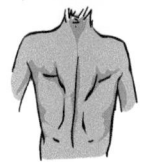

espalda

背中

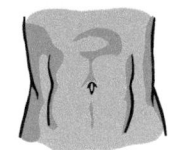

vientre

腹

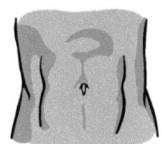

ombligo

へそ

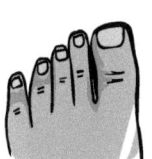

dedo del pie

足指

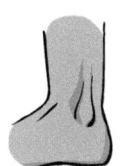

talón

かかと

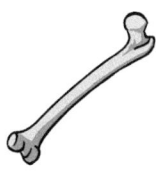

hueso

骨

cadera

腰

rodilla

ひざ

codo

ひじ

nariz

鼻

trasero

尻

piel

皮膚

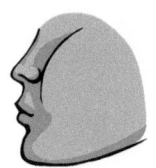

mejilla

頬

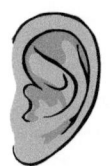

oreja

耳

labio

唇

boca

口

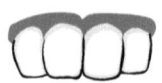

diente

歯

lengua

舌

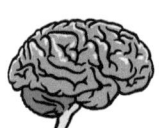

cerebro

脳

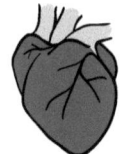

corazón

心臓

músculo

筋肉

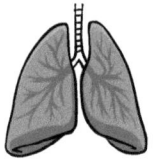

pulmón

肺

hígado

肝臓

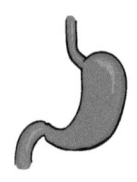

estómago

胃

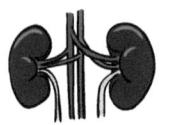

riñones

腎臓

relación sexual

セックス

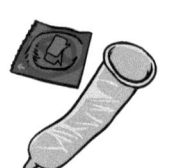

condón

コンドーム

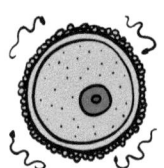

Óvulo

卵細胞

esperma

精液

embarazo

妊娠

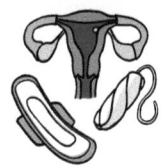

menstruación

月経

vagina

膣

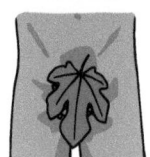

pene

ペニス

ceja

眉

cabello

髪

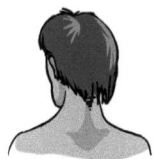

cuello

首

hospital
病院

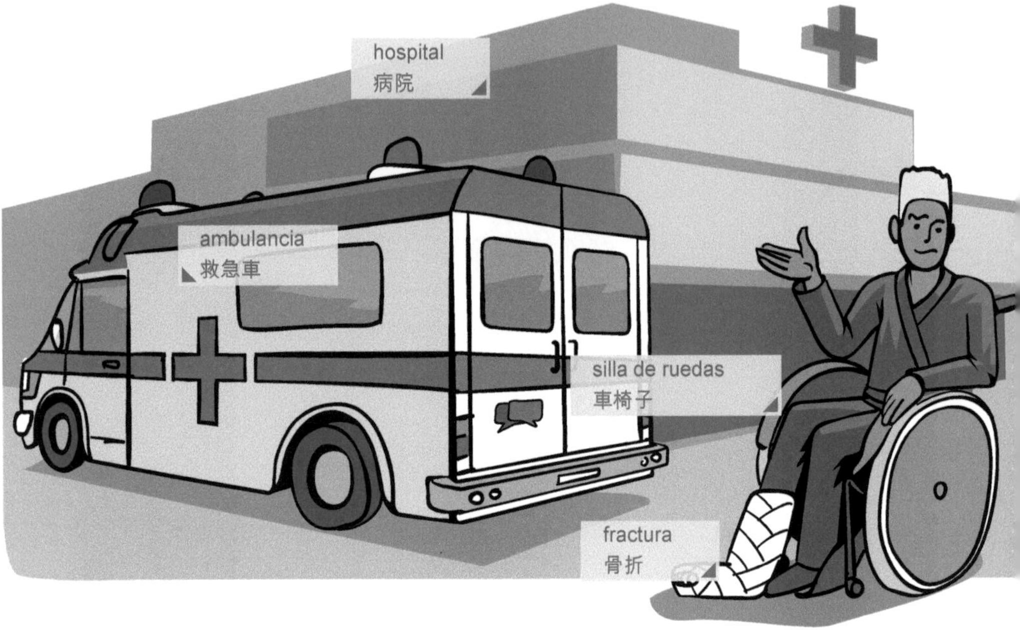

hospital
病院
ambulancia
救急車
silla de ruedas
車椅子
fractura
骨折

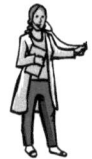

médico

医師

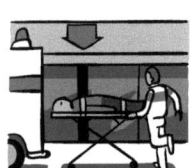

admisión de urgencia

救急治療室

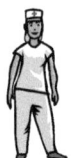

enfermera

看護師

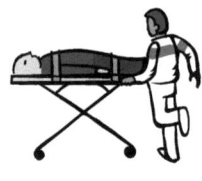

emergencia

救急

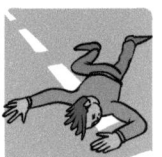

inconsciente

失神

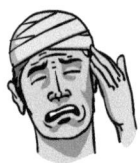

dolor

痛み

lesión

けが

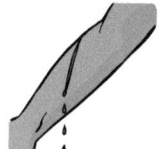

hemorragia

出血

infarto de miocardio

心臓発作

apoplejía cerebral

脳卒中

alergia

アレルギー

tos

咳

fiebre

熱

gripe

インフルエンザ

diarrea

下痢

dolor de cabeza

頭痛

cáncer

癌

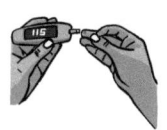

diabetes

糖尿病

cirujano

外科医

escalpelo

外科用メス

operación

手術

TC
CT

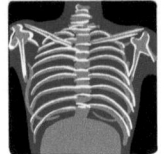

rayos X
レントゲン

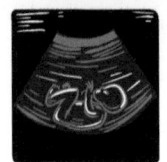

ultrasonido
超音波

máscara
マスク

enfermedad
病気

sala de espera
待合室

muleta
松葉づえ

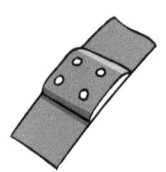

emplasto
ばんそうこう

vendaje
包帯

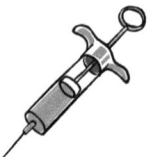

inyección
注射

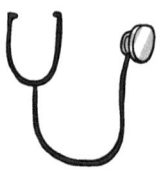

estetoscopio
聴診器

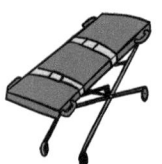

camilla
担架

termómetro
体温計

nacimiento
出産

sobrepeso
肥満

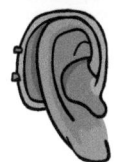

audífono

補聴器

desinfectante

消毒剤

infección

感染

virus

ウィルス

VIH / SIDA

HIV / エイズ

medicina

内服薬

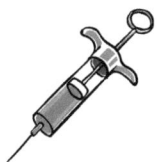

vacunación

予防接種

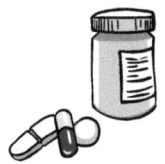

comprimido

錠剤

píldora anticonceptiva

ピル

llamada de emergencia

緊急電話

medidor de presión arterial

血圧計

enfermo / saludable

病気の ／ 健康な

hospital - 病院

¡Ayuda!

助けて！

alarma

アラーム

asalto

暴行

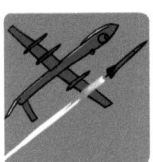

ataque

攻撃

peligro

危険

salida de emergencia

非常口

¡Fuego!

火事だ！

extintor

消火器

accidente

事故

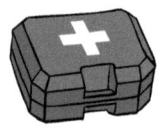

kit de primeros auxilios

救急箱

SOS

SOS

Policía

警察

Europa

ヨーロッパ

América del Norte

北米

América del Sur

南米

África

アフリカ

Asia

アジア

Australia

オーストラリア

Atlántico

大西洋

Pacífico

太平洋

Océano Índico

インド洋

Océano Antártico

南極海

Océano Ártico

北極海

Polo Norte

北極

Polo Sur

南極

Antártida

南極大陸

Tierra

地球

país

陸

mar

海

isla

島

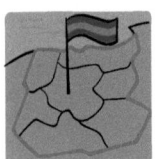

nación

国家

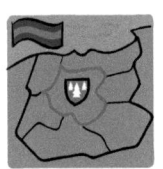

Estado

国家

cuadrante

文字盤

horario

短針

minutero

長針

segundero

秒針

¿Qué hora es?

何時ですか？

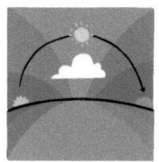

día

日

tiempo

時間

ahora

現在

reloj digital

デジタル時計

minuto

分

hora

時間

semana

週

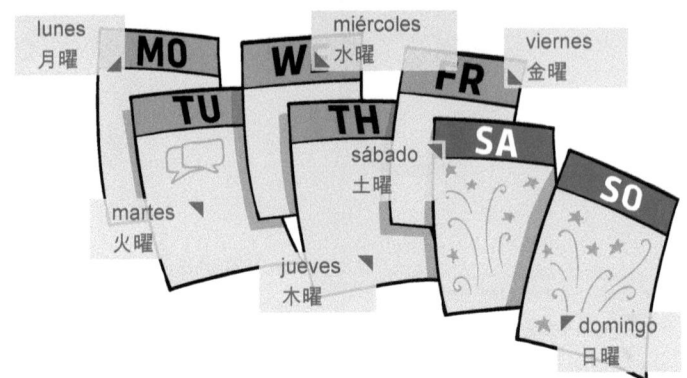

lunes 月曜
miércoles 水曜
viernes 金曜
martes 火曜
jueves 木曜
sábado 土曜
domingo 日曜

ayer

昨日

hoy

今日

mañana

明日

mañana

朝

mediodía

昼

tarde

夜

MO	TU	WE	TH	FR	SA	SU
1	2	3	4	5	6	7
8	9	10	11	12	13	14
15	16	17	18	19	20	21
22	23	24	25	26	27	28
29	30	31	1	2	3	4

jornada de trabajo

営業日

MO	TU	WE	TH	FR	SA	SU
1	2	3	4	5	6	7
8	9	10	11	12	13	14
15	16	17	18	19	20	21
22	23	24	25	26	27	28
29	30	31	1	2	3	4

fin de semana

週末

lluvia
雨

arco iris
虹

viento
風

nieve
雪

primavera
春

verano
夏

otoño
秋

invierno
冬

4.APRIL	11°	☀
5.APRIL	4°	☁
6.APRIL	13°	☔
7.APRIL	8°	☀
8.APRIL	10°	☀

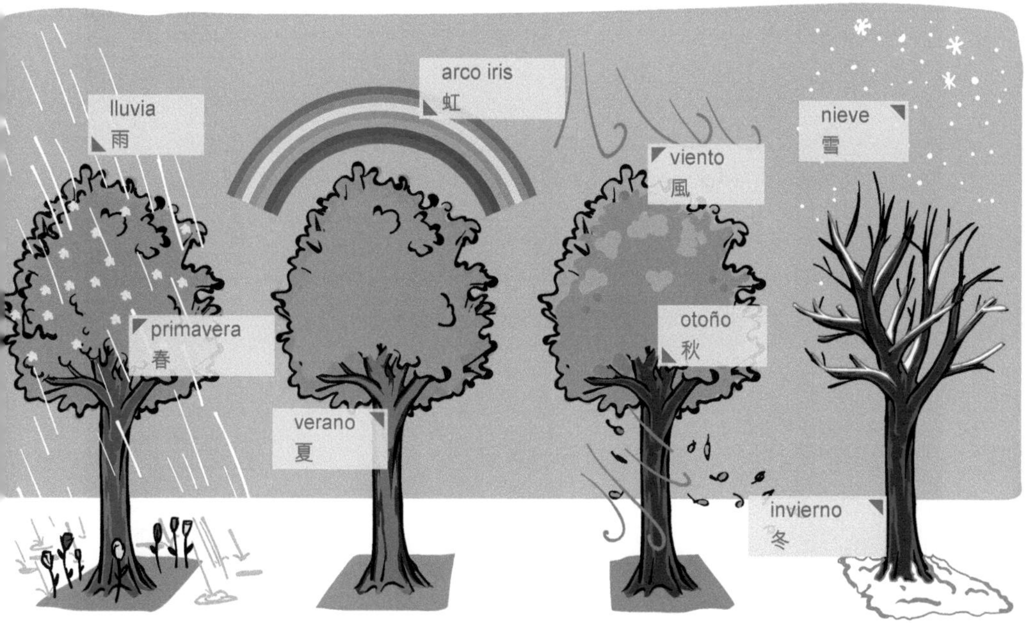

pronóstico meteorológico

天気予報

termómetro

温度計

luz solar

日差し

nube

雲

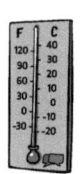

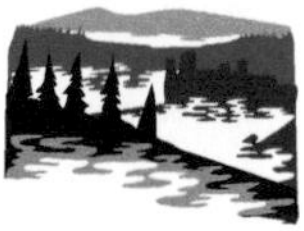

niebla

霧

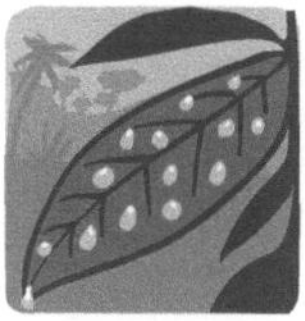

humedad ambiente

湿度

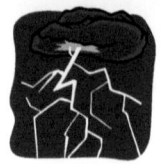

relámpago

雷

trueno

雷

tormenta

嵐

granizo

ひょう

monzón

季節風

inundación

洪水

hielo

氷

enero

1月

febrero

2月

marzo

3月

abril

4月

mayo

5月

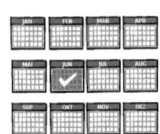

junio

6月

julio

7月

agosto

8月

año - 年

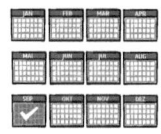

septiembre

9月

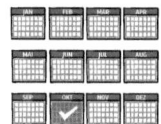

octubre

10月

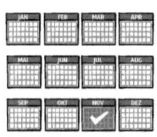

noviembre

11月

diciembre

12月

formas

形

círculo

円

cuadrado

正方形

rectángulo

長方形

triángulo

三角

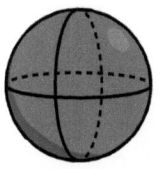

esfera

球

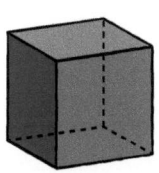

cubo

立方体

色

blanco

白

amarillo

黄

anaranjado

オレンジ

rosa

ピンク

rojo

赤

lila

紫

azul

青

verde

緑

marrón

茶

gris

灰色

negro

黒

mucho / poco

多い　/　少ない

enojado / calmado

怒っている /
落ち着いている

bonito / feo

美しい　/　醜い

comienzo / fin

初め　/　終わり

grande / pequeño

大きい　/　小さい

claro / oscuro

明るい　/　暗い

hermano / hermana

兄弟　/　姉妹

limpio / sucio

清潔な / 汚い

completo / incompleto

完全な　/　不完全な

día / noche

日中　/　夜

muerto / vivo

死んだ　/　生きている

ancho / angosto

幅広い　/　狭い

disfrutable / no disfrutable

食べられる /
食べられない

malo / amigable

悪意のある / 親切な

excitado / aburrido

興奮している /
退屈している

gordo / delgado

太った / 痩せた

primero / último

最初に / 最後に

amigo / enemigo

友人 / 敵

lleno / vacío

いっぱいの / 空の

duro / suave

硬い / 柔らかい

pesado / liviano

重い / 軽い

hambre / sed

空腹 / 喉の渇き

enfermo / saludable

病気の / 健康な

ilegal / legal

違法な / 合法な

inteligente / tonto

賢い / 愚かな

izquierda / derecha

左に / 右に

cercano / lejano

近い / 遠い

nuevo / usado

新しい / 中古の

nada / algo

何もない / 何かある

viejo / joven

老いた / 若い

encendido / apagado

オン / オフ

abierto / cerrado

開いている /
閉まっている

bajo / fuerte

静かな / うるさい

rico / pobre

裕福な / 貧乏な

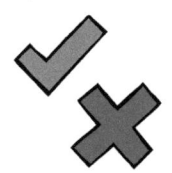

correcto / incorrecto

正しい / 間違っている

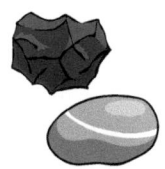

áspero / liso

粗い / なめらか

triste / alegre

悲しい / 幸せな

breve / extenso

短い / 長い

lento / veloz

ゆっくり / 速い

mojado / seco

濡れた / 乾いた

caliente / frío

温かい / 冷たい

guerra / paz

戦争 / 平和

0

cero

ゼロ

1

uno

1

2

dos

2

3

tres

3

4

cuatro

4

5

cinco

5

6

seis

6

7

siete

7

8

ocho

8

9

nueve

9

10

diez

10

11

once

11

12

doce

12

13

trece

13

14

catorce

14

15

quince

15

16

dieciséis

16

17

diecisiete

17

18

dieciocho

18

19

diecinueve

19

20

veinte

20

100

cien

100

1.000

mil

1000

1.000.000

millón

100万

inglés

英語

inglés estadounidense

アメリカ英語

chino mandarín

中国標準語

hindi

ヒンディー語

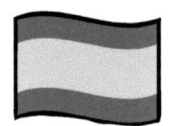

español

スペイン語

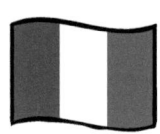

francés

フランス語

árabe

アラビア語

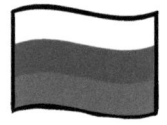

ruso

ロシア語

portugués

ポルトガル語

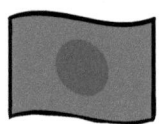

bengalí

ベンガル語

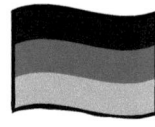

alemán

ドイツ語

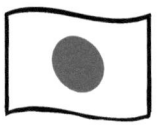

japonés

日本語

yo

私

tú

あなた

él / ella

彼 / 彼女 / それ

nosotros

私たち

vosotros

あなたたち

ellos

彼ら

¿quién?

誰？

¿qué?

何？

¿cómo?

どうやって？

¿dónde?

どこ？

¿cuándo?

いつ？

nombre

名前

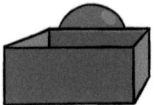

detrás

後ろ

en

中

delante de

前

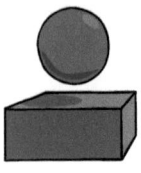

encima de

上

sobre

上

debajo de

下

junto a

横

entre

間

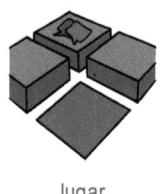

lugar

場所